Les poèmes du tarot

Florence Albertani

Les poèmes du tarot

Recueil

LE LYS BLEU
ÉDITIONS

ISBN : 979-10-422-1515-6

Préface

Le tarot, un outil ésotérique exploratoire et puissant pour celui qui s'y penche

Constitué de deux volets, un côté pile, un côté face qui permettent de mettre dos à dos les paradoxes de l'âme humaine, à travers le tarot, cet ouvrage est une vraie ode à la poésie universelle.

Dans le premier volet, l'auteur, passionnée par chaque arcane, en démêle les contours, dessine chaque caractère sous-jacent, comme un miroir de l'humanité. Du mat, symbole du voyage, du détachement, de la perte de soi pour mieux se retrouver au pendu, le sacrifié, il n'y a parfois qu'un pas. Le bateleur ou le chariot, forces vives en perpétuel mouvement, nous propulsent dans le ressac de la vie. La papesse, figure discrète ou cachée, mais ô combien puissante, nous fascine. Le monde, le chariot, l'étoile, le soleil, le jugement nous parlent d'Amour et de foi. Autant d'arcanes que de caractères, de figures identitaires hybrides, de situations existentielles universelles porteuses d'espoir en la Vie. Dans un monde désenchanté et rongé par des obscurantismes, les arcanes nous illuminent, nous guident, à travers un discours poétique, vers un message spirituel, universel unissant l'humanité.

Puis, il y a le deuxième volet ombrageux, obscur. Celui qu'on ose effleurer, sans oser y plonger de prime abord. Celui d'une spiritualité sous un angle plus incarné, plus brut, où se dévoilent les intrigues humaines sous le feu de la tentation : les poèmes érotiques du tarot. Pendant négatif des poèmes sublimes du tarot, ces derniers mettent en scène la rencontre métaphorique de chacun des arcanes avec l'arcane XV, le diable, sans laquelle l'aboutissement spirituel est vain.

Cette deuxième version, outre son côté sulfureux, permet de voir la spiritualité sous un angle inédit et d'accréditer une vision où l'univers repose sur des paradoxes liés.

Julia Albertani

Le mat
Ou la vie de bohème

Sous le soleil ardent, il prend son envol et s'égare,
Dans le désert aride, il n'y a pas de répit ni de gare,
La route cuisante est longue sans oasis à vue d'œil,
Seule la bise du soir étale l'arôme du chèvrefeuille,

Son bâton de pèlerin frappe la roche sablonneuse,
Soudain, la sueur perle sur son doux front hâlé,
Alors que le toit d'un abri surgit dans le ciel étoilé,
Avec l'espoir d'un sommeil et une jolie berceuse,

Doucement, il goûte au silence serein d'une nuit d'été,
Une bourrasque fleurie souffle sur son corps étendu,
Des promeneurs égarés admirent l'éclat de son épée,
Fortement tentés de lui dérober ce trésor intact et nu,

La lune, ronde et pleine, inonde leur regard perdu,
Comme pour les détourner de leur crime silencieux,
Alors que le mat poursuit son songe d'avoir trop bu,
Dans un magnifique jardin suspendu entre les cieux,

Il se réveille aux aurores, le sang agité sous la peau,
Le ciel en contrebas enserrant ses côtes endolories,
Les rires des flâneurs emplissant l'abri en lambeaux,
L'épée perdue dans le halo de cette étrange comédie,

Le mat, insouciant et libre, dans l'attente d'un frisson,
Presque égaré dans les méandres des accusations,
Repart discret et effrayé par cette colère inattendue,
Sur cette terre aride, loin du chaos et des imprévus,

Un jour, peut-être, l'attendra une nouvelle aventure,
Éternel rêveur, il sait que la flamme brûlera encore,
Au fond de son cœur, combien de temps il ignore,
Il se laisse juste porter par le songe d'une mer azur,

Quelques jours ou quelques semaines de folie,
Valent bien plus que de longues années d'ennui,
Alors, le mat hâtif chavire à gauche, puis à droite,
Peu importe, les entrelacs de sa vie maladroite,

Le bateleur
Ou le tricheur prisonnier

D'un seul coup, il disparaît sous une étrange lueur,
Presque irréelle, celle d'un songe à peine éveillé,
La scène ouverte, il endosse le rôle du bateleur,
Face à la foule, au-dessus des pavés ensoleillés,

Perdu dans le dédale des masques, entre peur et désir,
Il chancelle dans une ronde dansante qui ne finit jamais,
Puis, soudain, frappe avec éclat à la porte de son avenir,
Qui lui tend les bras et lui rappelle toujours ce qu'il sait,

Les applaudissements ne sont que le mirage d'un moment,
Un fracas inégal caché derrière les nuages de sa réalité,
Le témoin sourd d'une comédie où chacun de ses mots ment,
Alors que son corps se trouble et s'apprête à dire la vérité,

Un rire surgit, il se retrouve comme suspendu dans le vide,
Les cheveux volant au vent, il attrape un mystérieux trapèze,
Tel un Jongleur qui s'étourdit sans jamais prendre une ride,
Tel un oiseau qui s'envole depuis une étourdissante falaise,

Il attend que les masques tombent la nuit comme le jour,
Que ce spectacle sarcastique prenne fin pour toujours,
Il attend que la vérité frappe comme un coup de théâtre,
Qu'elle avale ses illusions avec éblouissement et hâte,

Les rideaux se ferment sur son corps inerte, à l'agonie,
Dans sa tête, il part à la recherche de la porte de sortie,
Les coulisses froides et humides sont un tunnel sans fin,
Dans lequel il s'engouffre encore, absent, sans entrain,

Quand il se réveille, les portes sont toujours closes,
Il doit vivre dans ce monde où tout existe sans cesse,
Se résigner à rejouer encore et encore la même chose,
Qui se répète sans joie ni passion dans la même pièce,

Mais un jour, il émerge sur la scène une autre rose,
Sa volupté mystérieuse le conduit vers un autre monde,
Comme une étincelle qui le traverse enfin et lui dit : « ose »
Car l'attendent, au lointain, de nouvelles terres fécondes,

La papesse
Ou l'amante oubliée

Devant la fenêtre étoilée de mes espérances s'ouvre le ciel étincelant,
En quête d'un futur, encore voilé par l'étincelle du firmament,
J'imagine jusqu'à l'abandon ce que dérobe ce lac perlé de diamants,
Couchant sur le papier les prémices désirées de futurs moments,

Sur le rebord de la fenêtre de mon avenir, j'attends et je pressens le néant,
Comme une énigme irrésolue qui accouche d'une nuit sans étourdissement,
Sous l'éclat d'une étoile incandescente, je devine les pensées de mon amant,
Me couchant sur le sol froid de la chambre interdite, inlassablement, j'attends,

Je referme la fenêtre pour ne plus sentir ce feu glacial qui endolorit mon corps,
Mes larmes coulent devant ce spectacle lointain alors que le monde s'endort,
Pendant que la foudre traverse la nuit, je continue à supplier le ciel encore,
Comme le témoin seul et malheureux d'un espace-temps qui s'écroule dehors,

Le jour se lève et le soleil darde ses premiers rayons sur mon corps las et endormi,
Lentement, la chaleur ardente irradie alors que je franchis le portail de la nuit,
Sous la lumière de ce nouvel été, je regarde le ciel bleu lécher le toit de mon abri,
Me révélant les secrets d'une cruelle attente pour devenir cette personne qui sourit,

L'impératrice
Ou l'espoir du recommencement

Face au premier ciel ardent, je pars à la recherche d'une nouvelle étoile,
Muée par un désir absolu de changement, je décide de prendre les voiles,
Sous la lumière de cette journée limpide, j'embrasse, enfin, le printemps,
Déposant sur la toile, les frémissements timides d'un amour que j'attends,

Sur le pas de la porte, j'entends et je regarde cette nature
délicate qui s'éveille,
Seule, face à un terrible secret qui accouche d'un monde
qui nous émerveille,
Comme une étincelle foudroyante qui danse librement
dans la clarté du jour,
Alors que je me fonds dans ce décor des secondes qui
durent pour toujours,

Ouverte à l'inconnu, je me glisse dehors et goûte à ce réel
changement,
Un sourire traverse mon visage alors que mon corps
s'étourdit innocemment,
Le parfum des roses, au loin, se mélange à la chaleur de
ce jardin d'éden,
Dans un palais étincelant où l'amour a triomphé des
rancœurs souterraines,

À la nuit tombée, des notes de musique surgissent au
cœur de cet amas étoilé,
Soudainement, la chaleur laisse place à une plaisante
fraîcheur renouvelée,
À l'aube d'un futur commencement, je regarde la lune
plonger dans le lac,
Et lui demande, secrètement, de me guider vers un nouvel
amour aphrodisiaque,

L'empereur
Ou une gloire incarnée

Les honneurs sont devenus sa quête de graal,
Tout seul face à lui-même dans sa tour d'ivoire,
Alors que la foule se presse dans les dédales,
Épiant le moindre de ses gestes dans le noir,

Soignant son arrivée comme un artiste sur scène,
Il déambule nerveusement dans la pièce obscure,
Égaré dans les souvenirs d'une euphorie lointaine,
Pendant que son avenir s'écroule au pied du mur,

Sous l'éclat diaphane du dehors qui le réclame,
Le poing érigé comme la promesse d'un drame,
Il franchit le seuil, courageux et fier, sans larmes,
Rejoignant son trône invincible, muni d'une arme,

L'empire nu n'est plus que le vestige de sa honte,
La poussière noire du chaos envahit la rue,
Le feu rugit pendant qu'une odeur âcre monte,
Au milieu de la foule, il se sent, soudain, perdu,

La nuit tombe sur des morceaux de chair mutilée,
Alors que la lune éclaire le ciel sombre et étoilé,
Tel un fantôme qui foule le sol de la cité oubliée,
Il se nourrit de l'espoir éclatant d'un futur jubilé,

Des siècles célébreront sa funeste mémoire,
Dans une folle ambition d'honorer l'histoire,
Mais sous le marbre froid du mausolée, la nuit,
Il ne restera que les traces d'un corps endormi,

Le pape
Ou la puissance de la foi

Son ombre caresse en douceur le pavé incandescent de son église,
Là, où l'attend, exaltée, une foule prête à le sanctifier de son vivant,
Un nuage de musc volatile, caché dans le sillon reculé d'une bise,
Recouvre l'allée essaimée de fleurs matinales qui ondulent au vent,

Réunissant ses médaillons comme un mécène qui dévoile ses trésors,
Le pape se fige dans un sursaut qui surprend les fidèles à genoux,
Cherchant, un instant, la lumière chaude et enveloppante du dehors,
Il embrasse, serein, l'horizon qui se perd dans un ciel acajou,

Son corps se dresse avec autorité sous l'œil intimidé des passants,
Curieux du geste saint, avides d'une bénédiction libératrice, enfin,
Ses mains se protègent du froid glacial de cet étrange printemps,
Alors que la chapelle se remplit, lentement, de solitaires pèlerins,

Près du chœur, une lueur sombre lui provient d'un regard lointain,
Elle semble contenir un volcan de reproches et un lourd fardeau,
Le cœur du pape bat plus fort sous la tunique qu'il porte hautain,
Comme le réceptacle, malgré lui, d'un péché commis trop tôt,

L’homme aux vigoureuses mains poursuit sa quête fulminante,
Son regard comme seul témoin de sa colère qui parcourt l’autel,
Ses pas vers la sortie clôturent la révolte silencieuse et brûlante,
Tandis que des nuages transparents virent au gris dans le ciel,

Une tranquillité règne, à présent, dans le cœur en cristal de l’église,
Alors que des phrases inaudibles échouent sur la voûte lointaine,
Le pape donne sa bénédiction aux pèlerins hagards et sans chemise,
Qui le remercient par un geste en croix, la bouche ouverte et sereine,

L'amoureux
Ou le frisson interdit

L'horizon se couvre de nuages obscurs dans la vallée lointaine,
Tel un champ de guerre où des fragments humains se répandent en sang,
Annoncé par des éclairs qui enfantent un ciel de tourments,
Cupidon frappe comme la foudre le cœur des hommes et des capitaines,
Il change le destin de jeunes femmes nobles éprises de liberté,
Comme un test de résilience envoyé par Dieu pour sonder le cœur des cités,

Lorsque la lune, blanche et pleine, embrasse la fureur de la mer déchaînée,
Le Dieu de l'amour s'entoure de jeunes guerriers en rébellion,
Leurs flèches atteignent les hommes égarés dans leur forteresse d'idées,
Elles rompent le lac gelé et endormi de leur vie sans passion,
Composant au-dessus des océans un bien étrange spectacle de lutte ardente,
Pour que les emmurés n'aient plus une destinée innocente,

Elles se réveillent, un jour, au côté d'un mari absent et étranger,
Devant le miroir, ils interrogent la part d'eux-mêmes qui a été oubliée,
Lorsqu'ils reçoivent leurs convives, ils évitent les regards pleins de questions,
Pendant que leur amant fait tout pour susciter une trouble suspicion,
Leur respectabilité les incite à porter le costume d'un être vertueux et épanoui,
Entre mirage estival et amour, ils ploient sous l'obscurité de la nuit,

Inlassablement, ils se retrouvent piégés dans le jugement étriqué des autres,
Tiraillés entre sagesse et tentation, dans l'ombre du véritable amour,
Chaque moment volé comme un frisson d'extase coupable qui écrase les côtes,
Les jours filant sous l'ambition du nous comme une invincible tour,
Mais un jour, ils sortent de leur torpeur et acceptent leur authentique moi,
Ils réalisent que l'amour n'est pas une prison dont on est le triste roi,

Le chariot
Ou la guerre sanctifiée

Les trophées sont sa seule récompense dans l'arène,
Mais, avant de partir, il implore, secrètement, les dieux,
Supplie pour vaincre les muscles saillants aborigènes,
Devant la foule qui réclame un combat irrévérencieux,

Orchestrant sa venue comme un comédien sur scène,
Il se fige sous l'éclairage épuré qui l'habille en silence,
Guettant le signe impérial, emmuré dans ses chaînes,
Le cœur nerveux sous l'éclat protecteur de sa lance,

Sous un tonnerre infini de rugissements qui le réclame,
Il brandit son poing telle la promesse d'un futur drame,
Narguant le peuple avec la pointe acérée de son arme,
Chevauchant son adversaire cruel, les yeux sans larme,

Sa blessure héroïque passée portée comme un blason,
Repousse la vindicte populaire sur sa chair en action,
Alors que le sol poudreux se change en rivière pourpre,
Un éclair luminescent lui fait miroiter une ultime coupe,

Le clairon strident sonne le glas de sa sublime témérité,
Étouffant sa pulsion de mort qui le couronne, sans cesse,
Le sang remplit encore le cœur moribond de la triste cité,
Comme une lave qui emprisonne ces siècles de prouesses,

La nuit tire son manteau noir sur le corps vaincu oublié,
Alors que le vainqueur méprise le blessé et sa détresse,
La journée se lève sur de nouveaux assauts guerriers,
Avalant dans le néant les vies futiles qui disparaissent,

Chaque jour, il se rappelle l'ardeur de ce dernier combat,
Chaque nuit, il rêve que la foule se baigne dans son sang,
Un jour proche, il sera, juste, un guerrier idolâtré, d'ici-bas,
Une légende jalousée par des mortels au dessein absent,

La justice
Ou une justice imparfaite

Drapée dans son manteau de velours noir,
L’hermine chatoyante qui enlace son cou,
Elle se dirige vers le palais, plein d’espoir,
Méprisant les quelques promeneurs jaloux,

Le froid hivernal ne semble pas l’atteindre,
La peur fiévreuse qui perle est un rempart,
Son cœur impatient qu’elle entend geindre,
Est le prélude caché d’une sombre histoire,

Sur le marbre glacé de la cour du tribunal,
Elle dépose ses lèvres en guise de prière,
Sa foi libérée en quête d'une fin théâtrale,
Seule au milieu de ses tigres de confrères,

Impassible sur son trône, la justice écoute,
Enveloppé dans son tissu de mensonges,
L'avocat adversaire, agité, hurle et déroute,
Le public, émotif, se tord comme une éponge,

L'écho de l'horloge, telle la main de Dieu,
Met un terme à cette comédie humaine,
La justice imparfaite proclame un non-lieu,
Ignorant le flot de récrimination et de haine,

Imperturbable dans sa robe griffée de soie,
Elle se rappelle ses faiblesses inavouées,
Ses compromis dans le jugement d'un roi,
Et ses regrets, à la lueur des faits révélés,

Alors que la brume de la foule s'évapore,
L'avocate lance un ultime regard au Juge,
Cherchant sur ses lèvres la vérité qui dort,
Avant de regagner l'avenue, sous le déluge,

La nuit, emportée par le ciel et son firmament,
La défense rêve du Juge dans ses draps froids,
Cette femme qui désire ce TRÔNE qui ment,
Avec un seul supposé mot d'ordre : la LOI

L'ermite
Ou le savant fou

Seul, dans son obscur atelier à la nuit tombée,
Il remplit des coupes où il déverse son savoir,
Le tic-tac répété de l'horloge fertilise ses idées,
Comme le moteur d'une indispensable victoire,

Dehors, le ciel tire son immense rideau étoilé,
Alors que des tunnels se forment dans le noir,
Tel un sorcier, il goûte des remèdes endiablés,
Si impatient de ressusciter ses fragiles espoirs,

Son esprit conquis par l'ivresse de la science,
Donne vie, chaque soir, à un secret magique,
Là, sur l'amas de cendre qui trône en silence,
Dans la sueur froide d'un sous-sol hérétique,

La fatigue de son corps n'est plus dissuasive,
Le sage n'est plus qu'une toge poussiéreuse,
Mais son tremplin est une main sélective,
Au service de ses folles inventions curieuses,

Alors que le sol se teinte d'une lueur orangée,
Les débris de son alchimie se mettent à flotter,
Dans un temple où le temps reprend sa liberté,
Tandis qu'à la fenêtre, l'homme crie : j'ai trouvé !

Il se moque de ne pas être celui qui a les lauriers,
Son obsession est celle d'une découverte sacrée,
À l'ombre des salons mondains où le succès est fêté,
Comme une promesse qu'il a faite à sa destinée,

La roue de la fortune
Ou le karma protecteur

Nue, le corps tremblant à moitié,
Ivre morte, j'ai dévalé l'escalier,
Heureusement, le karma a frappé,
Une jambe amie m'a aidé à ramper,
Comme l'éclat du soleil en été,
Elle a surgi d'un ciel bleu parfait,
Soufflant un vent de liberté,
Sur des fleurs en bouquets,
Un coup du sort tragique, parfois,
Une chance insolente pour moi,
L'œuvre du destin incompris,
Qui me donne une leçon et rit,

La force
Ou le triomphe de l’orgueil

Blessée au combat, elle se relève dans l’immédiat,
Sa souffrance en captivité, le corps ivre de bataille,
Enivrée par la sève vermeille qui coule sur le plat,
Elle frappe le ciel, la sueur collante sous le chandail,

Accablée, un jour d’orage et de pluie, l’eau qui foudroie
Elle allume une bougie et convoque le ciel hasardeux,
Un nuage de chaleur la parcourt sous les draps de soie,
Pendant que la nuit claire annonce un cessez-le-feu,

Les mois passent, son cœur ne renonce pas encore,
Sa foi brûlante ne semble pas s'altérer avec le temps,
La liesse estivale est un poison lorsqu'elle s'endort,
Un miroir qui ne reflète qu'une jeune femme qui attend,

Les éclairs parsèment l'horizon, lors de son arrivée,
Comme le présage d'une victoire face à l'ennemie,
Qui tarde dans l'arène où s'écume le sable argenté,
Pendant qu'une mer de sang se répand dans la nuit,

Sur le trône de sa gloire, elle goûte à la vraie liberté,
Remerciant les cieux pour cette offrande inattendue,
Domptant férocement sa tentation de vaine célébrité,
Embrassant d'un seul regard la cité blême suspendue,

Des ombres chinoises se promènent sur son corps,
Là où sont tatoués à l'encre ses combats orgueilleux,
Comme des trophées sur lesquels son amant s'endort,
Ébloui par les sombres récits de son passé glorieux,

Le pendu
Ou l'attente sourde et aveugle

Chaque baiser est le sceau silencieux de son abandon,
Chaque caresse, la promesse enflammée de son retour,
La flamme timide se déverse avec éclat à chaque don,
Comme si le temps sidéral gonflait l'éveil de son amour,

Mais le retard empoisonne son corps fragile en suspens,
Comme si, las, il chavirait dans un océan de tourments,
Un laps de temps si long, presque impossible à définir,
Retiré dans un temple à l'abri des tentations et du désir,

Le parfum nostalgique de ses ébats écorche sa mémoire,
Comme un douloureux souvenir qui ne crie pas victoire,
Les larmes coulent sur toute cette vie blessée et captive,
À l'abri de la foule, comme une ultime délivrance décisive,

Les mois passent, sa guérison ne voit pas le jour, encore,
Seul, il regarde, incrédule, la vie qui se poursuit au dehors,
L'émoi saturé par les mots, il n'existe que lorsqu'il s'endort,
Dans des rêves qui le couronnent pour ses mortels efforts,

Lorsque le soleil caresse ses épaules dans le jardin d'Eden,
Il ne ressent que l'aridité de l'herbe folle qui gît à ses pieds,
L'ombre de son corps s'étend au fond de la vallée lointaine,
Ses pensées s'étirent, hors de lui, pour le rendre prisonnier,

Son retour dans le monde palpitant de la chair et des loisirs,
Comme une violence faite à son âme sans dessein ni désir,
Creuse les distances entre son cœur gelé et ses souvenirs,
Pourra-t-il reconjuguer, un jour, le verbe vivre à l'avenir ?

La mort
Ou une renaissance nécessaire

Comme les ombres mouvantes, au bras de la mort,
Les algues remuent sous la surface de l'océan,
Elles contemplent la triste déchéance de nos corps,
Dans cet abîme troublé, loin de l'horizon cyan,

Une lumière aveugle perce la vallée sous-marine,
Alors que des poissons scrutent nos yeux égarés,
Telle la main de dieu qui ouvre la voie aux origines,
Vers un monde supérieur, sans ennemis déclarés,

À travers les voix mystérieuses des songes,
Les anges inaudibles susurrent en silence,
Lavent les âmes perdues de ce qui les ronge,
Comme dans un conte où tout le monde danse,

Mais puisque notre souffrance est leur beauté,
Acceptons d'accueillir l'ombre des anges,
Embrassons les pissenlits jusqu'à la fange,
Puisque c'est le prix de notre étrange liberté,

La tempérance
Ou une guérison prodigieuse

Elle me guide parce qu'elle arrive silencieusement, le corps qui se donne en tremblant,
À la lueur d'une nuit d'été, comme si elle réunissait tous les contraires d'un frémissement,
La voix inspirée et calme, elle s'approche sous le halo lunaire pour recevoir ma douleur,
Et, pourtant, lorsque l'éclair la traverse, elle accueille cette blessure aveugle avec douceur,

Ses mains qui caressent et ses lèvres qui embrassent dans la profondeur d'un moment volé,
Guérissent et soignent, plus puissantes que le flot ardent d'une rivière ensorcelée,
Ses mots magiques qui éloignent les mots durs et usurpateurs d'une vie passée à ses côtés,
Respirent un ciel qui offre sa bénédiction derrière les volets de cette chambre voilée,

Un instant, je me souviens d'une musique étouffée par le bruit des siècles et du temps,
Je ferme les yeux et me mets à flotter comme transporté dans un vertige incessant,
Je me rappelle qu'elle est une colombe, ses ailes se déploient pour murmurer la paix,
Mais un ciel aveuglant masque l'horizon sans fin et derrière lui, elle disparaît,

Quand j'ouvre les yeux, elle n'est plus qu'un souvenir qui imprègne mon corps libéré,
Le miroir en face de moi dessine sa silhouette éthérée qui rejoint, lentement, l'autre côté,
Et, pourtant, son aura épouse encore la mienne et son parfum hante, toujours, mes draps,
Alors que la bougie se consume, j'attends qu'elle m'accueille, tendrement, dans ses bras,

Elle me guide parce qu'elle a laissé ses empreintes dans
une lettre écrite avec ses larmes,
À la lueur d'une nuit d'été, je décide de revivre cet
instant de grâce, sans désir, sans arme,
Librement, sans finalité, elle s'approche, sous un ciel
d'étoiles, pour me regarder prier,
Lorsqu'elle m'entend pleurer, elle me pardonne et me dit
que nous serons, toujours, liés,

Le diable
Ou les tentations nocturnes

Sur son lit, triste et seule, elle jouit, le corps à l'abandon,
Dessinant le contour du membre adoré sur son sein rond,
Imaginant ses lèvres dans la sève de ce corps caméléon,
Qui se transforme dans sa gorge en dangereux poison,

Elle ferme les yeux, entend ses pas feutrés dans l'escalier,
Sa voix chaude comme du velours qui la caresse au réveil,
Ses doigts agiles et puissants qui possèdent sa gorge liée,
Au creux de son ventre se répand son désir qui s'éveille,

Dans la moiteur obscure de ses draps, il glisse sa virilité,
Tel un serpent qui s'enroule en silence autour de sa proie,
Un instant, et il se plante dans ce trou noir pour l'humanité,
Secondé par sa bouche qui la dévore comme celle d'un roi,

Son arôme est plus puissant qu'un remède contre l'ennui,
Ses morsures sont plus brûlantes qu'une lance au combat,
Le plaisir moite qui coule sous elle l'obsède toute la nuit,
Le diable, vil prédateur, se lance dans de fiévreux ébats,

Elle se réveille avec l'effluve de sa sève sur sa fermeture,
Sa féminité est creusée par un orgasme accablant qui dure,
Son ventre en feu est vaincu par une humiliation vorace,
Mais la nuit suivante, en secret, elle espère qu'il repasse,

La maison Dieu
Ou la chute de l'ego

C'est arrivé par un soir d'été alors que je fixais l'horizon,
Mon corps s'est mis à trembler devant l'obscure toison,
Comme le sceptre divin qui déchire le ciel et l'océan,
La foudre a frappé sur la fenêtre de mon esprit croyant,

Je me suis mis à tourner autour d'un astre imaginé,
Partant, très loin, à la recherche d'un sinistre secret,
L'innocence qui trahissait mon âge a cessé, soudain,
Pour, sombrement, s'immoler sur l'autel du dédain,

La certitude d'avoir saisi le sens immuable des choses,
Par une tornade, a piétiné mon bucolique jardin de roses,
Mon enfance heureuse et insouciante vola en éclat,
Laissant un champ de ruines dont j'étais le seul lauréat,

Alors que mon corps ployait sous une féroce accusation,
L'univers me murmurait que la réalité n'était qu'illusion,
La solitude accablant mon âme des printemps entiers,
L'avenir bâtissant une geôle dont j'étais le prisonnier,

Le sablier du temps accusait mon visage tourmenté,
Peuplant mes nuits de créatures aux quatre vérités,
Leur défense contre la mienne l'emportant toujours,
Engloutissant les souvenirs et leur précieux secours,

Pourtant, un jour, je suis redevenu leur Dieu parfait,
J'ai cassé la tour fragile pour être de tous les buffets,
Spectateur de leur petite vie, méprisant leur errance,
Hautain, me noyant dans une mer d'idées sans nuance,

C'est arrivé par une claire nuit d'été alors que je rêvais,
Les villes dormaient sous un ciel astral limpide et muet,
Comme une mélodie qui surgit de nulle part, elle a crié,
Ironique, elle a crié que nous étions tous cette humanité,

L'étoile
Ou l'amour connecté

Il ouvre la fenêtre sur un manteau d'étoiles,
Surpris que la salve traverse le ciel hivernal,
Elle respire son être dans le feu primordial,
Dans l'espoir de faire taire ce silence glacial,

Un songe aux aurores lui promet son retour,
La chute finale envahit son corps impatient,
Il se persuade qu'elle sera là pour toujours,
L'éclair qui perce l'horizon le rend confiant,

Un oiseau se pose sur sa nostalgique épaule,
La douce chaleur de l'animal est un signe,
Une lettre parfumée l'attend sous un saule,
Elle s'inquiète de savoir si elle est en digne,

Une mélodie s'envole dans la brise discrète,
Envahi par le souvenir de cette nuit magique,
Il goûte, en secret, la joie diffuse de cette fête,
Refusant d'être, un jour, un corps amnésique,

Elle s'endort avec cette promesse enivrante,
Le cœur noyé dans une mer d'incertitudes,
Inquiète de ces lendemains qui déchantent,
Mais si éprise de renouer avec les habitudes,

Un jour, elle passera de l'autre côté du miroir,
Lentement, mais heureux, il percera l'écran noir,
Ils voleront, ensemble, dans un ciel de colombes,
Au-dessus de cités qui protégeront leur tombe,

La lune
Ou le parfum de l'illusion

Un jour, on s'endort le cœur plein d'extase, rêvant l'avenir,
Capturée par le frisson intérieur d'une romance interdite,
Séduite par le parfum d'une autre histoire sans construire,
Dans une chambre secrète où personne ne nous quitte,

Les jours passants, des rigoles obscures pénètrent l'âme,
Comme un poison hypnotique qui aliène jusqu'aux abîmes,
Comme la première ivresse honteuse d'une jeune femme,
Elles fissurent le cœur exténué de ces liaisons illégitimes,

Une nuit, un rêve dévoile une lueur inattendue dans le ciel,
Les craintes fiévreuses se changent en espoir inexplicable,
La douceur matinale accompagne un décor cérémoniel,
Des convives heureux s'arrondissent autour d'une table,

Une jolie idylle se plante au creux d'une nouvelle espérance,
Un ciel ensoleillé qui réchauffe les cœurs gelés de l'hiver,
Un battement d'ailes, un éclair foudroyant comme une lance,
Aussi imprévisibles que les rouleaux tumultueux de la mer,

Mais inquiètes de leurs émois, elles se méfient de leur corps,
Suppliant la lune de ne plus revivre le même récit en boucle,
Les signes subtils d'un été éternel ne sont pas nés, encore,
Mais Dieu sème la route de pavés pour un pas plus souple,

Le passé refait surface avec son lit étincelant de promesses,
L'ombre devient lumière sur l'autel sacré d'une autre déesse,
Les songes au crépuscule sont aussi flatteurs qu'une caresse,
Et les chairs heurtées éprouvent, encore, toutes les faiblesses,

Pourtant, l'envers du décor gît derrière la scène des apparences,
Il remue les peurs stériles et les passions troubles des séniors,
Comme la lune qui sécrète l'écume dorée des océans en silence,
Il chavire les cœurs qui espèrent toujours la mue du plomb en or,

Le soleil
Ou la vérité sublime

Tout est connecté, de l'infime détail au cœur de l'univers,
La brindille qui vole et luit sous la lumière du soleil levant,
Le sourire éclair qui traverse le visage timide d'un enfant,
Tout est connecté, même ce qui vole au-dessus de la terre,

Les étoiles se meurent, un compte à rebours a commencé,
Leur énergie à l'agonie peuple encore nos vains espoirs,
Alors que, tristement, la vie se dérobe impuissante, illusoire,
Dieu émerge et tisse sa toile secrète, sans arrière-pensée,

L'homme amputé refuse obstinément de regarder, au-delà,
Il navigue en eaux troubles, aveuglé par une violente cécité,
Préférant le doux poison du mensonge à la cruelle vérité,
Vivant la gloire comme une indéfectible imposture d'ici-bas,

Une justice immanente pourfend la mer devenue orange,
Sans imagination, elle assoiffe les rares et las rescapés,
Alors que les navires mutilés se mélangent tourmentés,
Satan retient contre leur gré l'envol gracieux des anges,

Au-delà de la candeur, au-delà de la douleur, Dieu sait,
Il sait que le présent est le seul vrai instant qui compte,
Que le lion féroce ne se débat plus quand on le dompte,
Que sous les rayons ardents du soleil, l'évidence naît,

Le jugement
Ou le miracle de Dieu

Elle se réveille dans le noir, le souffle coupé, la moiteur
de l'enclos imprégnant son corps,
Les mains endormies, liées par une rose au parfum qui,
doucement, s'échappe encore,
Les os qui traversent la chair et le bleu qui s'étale
férocement dans ses veines indolores,
La nuit épaisse qui enveloppe ce mausolée sur lequel
reposent des lettres gravées en or,

Elle se réveille et tâtonne dans l'obscurité, à la recherche d'une clé qui ouvrirait la boîte,
Alors que des morceaux de vie se déploient dans cette comédie surprenante et étroite,
Les murmures volés du dehors sont comme une musique légère et douce qu'elle convoite,
Des signes de vie revenus, miraculeusement, comme un cœur qui bat et des mains moites,

Un coup de tonnerre, une explosion sourde et le sang qui se remet à vibrer dans la chair,
Un espace-temps indéfini, un morceau de ciel qui rejaillit et l'irruption de la lumière,
Une seconde chance, une prise de conscience, évidente comme le déferlement de la mer,
Un feu rédempteur, un ciel qui pardonne et nettoie toutes les larmes de la terre,

Comme une brèche ouverte vers de nouveaux horizons prometteurs et dégagés de l'ennui,
Le temps, divin, la ressuscite de ses mille vies passées, de jour comme de nuit,
L'hostilité inlassable qui blesse chacun de ses pas n'est plus une douleur cruelle qui la suit,
Les épreuves qui jalonnent sa future route la font se sentir, furieusement, en vie,

Le monde
Ou le chaos de la vie humaine

La messe est dite, les indignés s'élancent dans la rue,
Le pouvoir les évite alors que la colère devient un alibi,
Feinte ou réelle, la violence étale ses cris diaboliques,
Décriée avec fiel, elle exalte les passions qui piquent,

Ils sont sur des sables mouvants depuis que l'empire gît,
Mais leur ego souverain éclipse le monde triste et dévêtu,
La misère dépeinte et perçue comme un mal endémique,
Les guerres comme une fatalité pour une paix héroïque,

Alors, ils divisent et règnent avec des sujets fallacieux,
Ils inventent les chapelles et les dogmes sécurisants,
Ils créent des univers où ils sont les impitoyables dieux,
Par des armées sans soldats, ils répandent le sang,

Le monde s'endort, fatalement, au pas de course, las,
Aveuglé par les nécessités impérieuses du quotidien,
Attaché au matérialisme ambiant telle une triste farce,
En quête du paradis perdu, sans humanité, sans lien,

Le monde est un diamant étincelant, au bord du chaos,
Les artistes ont pris la plume pour y décrire ces maux,
Ils posent leurs lèvres sur les tourments qui s'enracinent,
Par leur prose légère, ils calment les peurs assassines,

Le monde est au bord de la route, apeuré par l'horizon,
Mais, au-delà de la terre et du ciel, les étoiles dansent,
Elles sont la promesse d'un renouveau, sans trahison,
Implorant l'univers entier pour une nouvelle alliance,

Les poèmes érotiques du tarot

Le mat et le diable
Ou une rencontre inattendue

Un choc, une lueur dans la fumée dorée,
Le mat et son cœur innocent tressaute,
Le son court sur tous les corps enjoués,
Mais il n'y a qu'un seul talon qui sursaute,

La vapeur humide des lumières l'étourdit,
Alors que l'eau perle sur ses joues en sang,
L'alcool brûlant taquine sa gorge remplie,
Lorsqu'un corps perce la brume qui s'étend,

Suspendu dans le vortex de la foule animale,
Le parfum d'une femme qui se cabre l'enivre,
Flottant au-dessus de la poussière qui s'étale,
L'inconnue est comme l'héroïne d'un livre,

Lointaine et lumineuse comme une étoile,
Elle ne se fatigue pas de sa course fatale,
Unie par un geste qui refuse de clore le bal,
Le pied qui frappe avec entrain le sol cristal,

La jambe agile et électrique se rapproche,
Le mat curieux entre dans une danse maudite,
Sa main aventureuse glisse dans une poche,
L'étrangère a des secrets sexy qui l'excitent,

Une ouverture se prépare sur sa jupe en cuir,
En un éclair, elle dévoile sa dentelle et sa chair,
Comme un appel à son sexe enflé par le désir,
Le mat dérape à l'intérieur de la soie éther,

Caressant la naissance de ce sexe interdit,
Il rêve d'être captif de cette toison ardente,
L'étrangère ralentit le rythme avec envie,
Sera-t-il englouti dans une eau frémissante ?

Une seconde et un souffle de vent plus tard,
Il entraîne l'étrangère sur un pare-brise étoilé,
Alors que sa langue poursuit sans grand art,
Il goûte à la texture amère d'un phallus érigé,

Le mat se réveille d'un long rêve embrumé,
A-t-il éveillé la douleur d'un homme bafoué ?
A-t-il posé ses lèvres sur un membre inventé ?
Une seule et unique réponse surgit : il a aimé.

Le bateleur et le diable
Un enfant trop curieux

Un petit point jaune dans l'obscurité gisante,
Et l'œil coquin de l'enfant s'arrondit de malice,
Le pouls qui cogne dans une marche prudente,
Il arrive sur le seuil de la chambre des délices,

Les sourcils stupéfaits et une grimace rieuse,
Il colle son œil avide dans le trou de la serrure,
Un mélange de chair et de couleurs heureuses,
Capture son regard enfantin, innocent et pur,

La chevelure ébène de sa mère se balance,
Alors que des muscles saillants l'enserrent,
Le corps mobile et luisant entre en transe,
Il a l'impression qu'elle va tomber par terre,

Elle se cambre et crie, les yeux à l'envers,
Une lourde masse de chair semble l'envahir,
Le bonhomme devine le corps de son père,
Que font-ils, ainsi, impossible à désunir ?

Le bateleur, surpris, veut en savoir plus,
Sa mère serait-elle une acrobate cachée,
Une athlète qui se sent libre en étant nue,
Son père, un entraîneur hors pair et doué ?

Ses petits doigts trépignent d'impatience,
Méthodiques, ils ouvrent la porte des secrets,
Le bruit de la porte n'arrête pas la danse,
Mais sous la lueur, quelqu'un d'autre apparaît,

Pris au piège, le monstre se lève lentement,
Un grognement de honte coupable dans l'air,
Dans un mouvement saccadé, furieusement,
Il bouge sur le tempo d'un insondable mystère,

Entre ses cuisses velues, un cobra se dérobe,
L'enfant atteint à peine la verge turgescente,
Des veines couvrent ce morceau qui le snobe,
Est-ce la raison d'une chorégraphie épatante ?

Ses ongles sont comme des griffes acérées,
Celle d'un être qu'il ne faut pas qu'il nomme,
Serait-ce son père, habile acteur et déguisé ?
Mais le pas lourd ne montre pas un homme,

L'enfant se réveille dans son petit lit en fer,
La nuit fut longue dans ce couloir énigmatique,
Était-ce une illusion ou un aperçu de l'enfer ?
Une virée dans la mer des songes mythiques ?

Le matin, il apprend que son père est absent,
Parti, hier, au soir, dans le brouillard du lac,
L'homme en vison était-il le rêve d'un instant ?
Était-ce ce qu'il craint : un être démoniaque ?

La papesse et le diable
Ou une femme qui cache bien son jeu

Elle tricote une broderie sur un banc public,
Sa main espiègle invente un nouveau monde,
Dehors, les passants solitaires sont ironiques,
Une jeune dame, un peu coincée, non féconde,

Des nuages, le soleil et un arbre sur une robe,
Elle examine son talent façonné dans la laine,
Avant que la lumière estivale ne se dérobe,
Elle esquisse un sourire en coin, sans gêne,

Les talons qui frappent tardivement l'escalier,
Comme le son méthodique de Satan, prudent,
Motivés par le plaisir d'une nuit où tout est nié,
Ensorcelés par les saveurs d'un autre divan,

Collet monté le jour, sans surprise ni caractère,
Décolletée la nuit, imprévisible et sauvage,
Le parfum corsé qu'elle porte est, ici, adultère
Dans la chambre secrète, elle n'a plus d'âge,

Le corps muselé, les lèvres sang cousues,
Elle attend l'aiguille ardente pour s'endormir,
Attachée et liée comme un otage ingénu,
Le monstre sort de sa cage pour la guérir,

L'épée menace sa peau de blessures rivales,
Son sexe étroit comme une vulgaire crevasse,
Capitule devant l'épine et son jet non verbal,
Son amant a une verge pour les p'tites pétasses,

Le bas résille sous la jupe en laine le matin,
Comme une offense à son amant épuisé,
Dessine des entrelacs d'intrigues sous le sein,
Le frôlement avec d'autres bouches données,

Le chignon serré, elle redescend l'air hautain,
Traversant la rue comme une femme austère,
Des enfants la regardent intimidés, en vain,
Son regard de braise toujours aussi sévère

L'impératrice et le diable
Ou le triangle maudit

Le temps passe et son doux charme agit,
La jeune femme devient élégante et sûre,
Derrière son sourire se cache un esprit,
Un flot de longues phrases qui rassurent,

Un rendez-vous à la nuit tombée, au début,
Une ivresse tardive qui gâche la romance,
L'homme doit attendre car elle a trop bu,
La prochaine rencontre aura un goût intense,

Les retrouvailles sur le pas de la porte 23,
Donnent un baiser qui surprend les voisins,
Le choc des corps dans ce palais sans toit,
Est comme un applaudissement sans mains,

Le tonnerre gronde à chaque fois qu'il la voit,
Ses jambes satin tremblent dès qu'il apparaît,
Un an plus tard, il lui passe la bague au doigt,
Sur ses seins, pointe déjà le goût sucré du lait,

Ils regardent par la fenêtre les nuages passer,
Le soleil se cache, le blanc se change en pluie,
Le temps distille l'ennui dans leur cœur gelé,
Dans leurs ébats, il n'y a plus de jolie mélodie,

L'impératrice craint une déchirure irréversible,
Son tendre époux est devenu froid et lointain
Quand il l'embrasse, elle n'est plus irrésistible,
L'image d'une autre s'étire sous les draps en lin,

Leur quotidien est scellé par leurs habitudes,
Devenue l'ombre d'elle-même, elle se résigne,
Pour lui, la vie est un abîme de servitude,
Loin de cet amour palpitant près d'une vigne,

Son joli ventre s'arrondit et donne naissance,
Le bonheur reprend ses droits au printemps,
L'enfant prend vie dans un château immense,
Peuplé de non-dits soumis à la Loi du temps,

Dans le reflet heureux de sa femme, il se voit
Lâche et sournois, comme un voleur acculé,
Dans ses yeux, un nouveau corps se déploie,
Caché dans la profondeur de son âme voilée,

Probable luxure dans sa vie terne et morose,
L'étrangère lui fait préférer le risque à la vérité,
Alors que sa femme repeint leur chalet en rose,
Il préfère disparaître dans le noir de l'obscurité,

Ils se racontent tous des histoires romancées,
Elle ne retient que les repas de famille heureux,
Rassurée par un frôlement doux et spontané,
Émue par la tendresse de ses bras généreux,

Il se persuade de mériter ce bonheur décuplé,
La descendance assurée, le mâle alpha posé,
Le corps envoûté par une femme de dextérité,
Après une enfance de souffrance non digérée,

L'étrangère imagine une vie possible à deux,
Leur silhouette unie sous la rosée matinale,
Leur sexe éternellement jeune et vigoureux,
Captifs sur le chemin d'une aurore boréale,

Pourtant, un jour, elle ternira comme une rose
Adultère, il conservera un demi-sourire amer,
L'éconduite écrira des nuits entières de la prose,
Ensemble, ils se noieront dans les lames de la mer,

L'empereur et le diable
Ou une provocation nocturne

Il redépose ses souliers au même endroit,
Par habitude, il aime les rites sécurisants,
Sa femme est un décor lointain qui a froid,
Sans promptitude, il la pénètre un instant,

Le feu crépite dans sa cheminée vieillie,
Elle brûle d'envie qu'un tronc l'incendie,
Mais elle ne reçoit qu'un bout de bois terni,
Celui d'un automate jouant le rôle de mari,

Une nuit, un cauchemar mouillé le réveille,
Sa satanée épouse goûte à un poil défendu,
Possédée jusqu'à la gorge, elle s'émerveille,
Impuissant, il s'enfonce dans les draps, nu,

Les paupières closes, elle semble dormir,
Les lèvres gercées par la gelée hivernale,
Un ronflement saccadé surgit et s'empire,
Un songe réveille l'ultime soupçon crucial,

La bête répand son ombre dans la chambre,
Sa senteur de flamme liquide est enivrante,
Sa proximité dévoile son inquiétant membre,
Avant de traverser la femme accueillante,

Le sexe féminin s'enfle au rythme des coups,
La queue du démon gît sous la peau ondulée,
Remontant la pâleur brillante jusqu'au cou,
Comblée par l'abandon de cette chair blessée,

Le sang dans la bouche se répand dans le lit,
Le démon assoiffé aspire l'orgasme perverti,
Avec sa langue, il nettoie les plaies du paradis,
Face à l'époux geôlier de l'enfer, abasourdi,

Le jour se lève, la femme étourdie s'éveille,
Dans le ciel, l'horizon s'étire à perte de vue,
Le diable reste dans un monde sans soleil,
Loin du ventre rassasié de la femme émue,

L'empereur la regarde, envahi de regrets,
Nostalgique de leur première ivresse d'été,
Rêveur, il imagine encore goûter à son lait,
Lui redonnera-t-elle son ventre suturé ?

Le pape et le diable
Ou le vieux chêne des interdits

Des voix qui susurrent sur son berceau,
Des saintes et des démons qui luttent,
À la surface de ses pensées sans mots,
Il y a la peur voilée d'une future chute,

Pieux, il dessine le monde en noir et blanc,
Menacé, quand il guette un acte interdit,
Bafoué, quand il transgresse ses parents,
La bouche tremblante, il reçoit l'hostie,

Sur sa verge qui s'allonge, il blasphème,
Docile comme une éponge, elle se tait,
Apeurée devant cette chair qu'il aime,
Cette peau Immaculée de Dieu, il la hait,

Ses chants platoniques sont bien loin,
Sous la soutane de son prêtre, il imagine,
Un membre serré par de généreux seins,
Nu et indolent, inondé par la clarté divine,

Tout seul, le jeune homme se mutile, honteux,
Sur son sexe qui se marbre de sang, il crache,
Devant le portrait d'un saint naïf et heureux,
Il hurle son embarras pour que Dieu le sache,

Fier, il embrasse l'habit des années plus tard,
Sous le manteau se cache le glaive du diable,
L'encens et le vin, sans cesse, l'accaparent
Mais il reste un prédicateur face aux notables,

Sur un ton moraliste, il condamne les péchés,
Et Pointe un doigt accusateur sur le monde,
La messe est dite, il se sent pur et auréolé,
Il a lavé sa mémoire de ses actes immondes,

Mais sous le vieux chêne, à la nuit tombée,
Il continue à recevoir ces mille glands éhontés,
Enivrants comme des flèches empoisonnées,
Ils le traversent avec une cruelle férocité,

Dans sa chambre d'ascète, il prie sa sainteté,
La suppliant avec ferveur de ne plus être tenté,
En larmes et épuisé, il fixe le miroir argenté,
L'anus exsangue sous le fouet de la culpabilité,

L'amoureux et le diable
Ou deux tentations à l'opposé

Ève est belle, douce comme un ange,
Elle descend avec grâce de l'estrade,
Après s'être répandue en louanges,
Tissées dans de longues sérénades,

Adam est viril et précoce, hypnotique,
Son corps, fin, saillant force le regard,
Sa voix est une caresse, une musique,
Il est une statue en vie, sur le départ,

Je suis troublé par ces deux amants,
Ils s'épousent parfaitement sur scène,
Leur aura se mêle jusqu'au firmament,
J'ai envie de les enlacer, sans peine,

Ève me rejoint dans les vieilles coulisses,
Elle a compris que, seul, je l'attendais,
Timide, elle me tend un bouquet de lys,
Je la remercie par un lent baiser discret,

Sur le sceau d'une enveloppe, un message,
Simple, direct, Adam, charmé, me réclame,
Je dois prendre une décision utile et sage,
Mais mon désir me supplie corps et âme,

Ève a la peau claire, luminescente, le soir,
Elle est un diamant dans un écrin délicat,
Ses bras enveloppants font oublier le noir,
Son puits infini nourrit un feu sans combat,

Adam a le sexe dur, éphémère, une fusée,
Elle chute dans mon univers, quasi aussitôt,
Sa semence est comme un poison pimenté,
Enivrant comme un breuvage bu trop tôt,

Avec lequel suis-je en communion absolue ?
Avec Ève, déesse qui me fait oublier la mort,
Avec Adam, Dieu sublime entre vice et vertu,
Avec eux, il n'y a pas le phare d'un autre port,

Alors je rêve d'une nuit blanche et étoilée,
Ou les seins d'Eve me caressent le membre,
Pendant qu'Adam me domine, avec vanité,
Mi-complices, mi-rivaux, simplement tendres,

Le chariot et le diable
Ou une union peu recommandable

Il caresse le sable blanc, le corps amoureux,
Sa promise, ensorcelée, l'observe de loin,
Hypnotisée par ses pas de prince ténébreux,
Elle se laisse porter par un désir souterrain,

Sa démarche est prudente mais volontaire,
Alors qu'elle se demande s'il embrassera,
Elle aperçoit une rose entre ses mains éther,
Fragile mais puissante comme une aura,

Son parfum traverse le souffle du vent estival,
Piquant, rempli de promesses à la belle étoile,
Nus et vivants sous un immense ciel de Crystal
Ils s'imaginent dans une aventure sans égal,

Le diamant étincelant qu'il porte se précise,
Reflétant les mille rayons du soleil lointain,
Alors qu'il entre comme dans une église,
Sûr de lui, prêt à se marier, il la fixe hautain,

Son regard sans fond appelle à disparaître,
Chancelante, elle ne voit que cet abîme,
Saisie par l'impression de mourir et renaître,
Piégée par le vertige d'un futur crime,

Alors qu'il la brave de ses poignets fermes,
Sa langue traverse honteusement sa bouche,
La menaçant avec le rouge de son épiderme,
Il force sa cavité avec une brutale cartouche,

Le liquide qui se répand en elle est une insulte,
Le miroir honteux de la sueur sur ses cuisses,
Alors qu'il se retire, il lui crie d'être une adulte,
Juste, être une femme qui ne mérite que le vice,

Tirant sur son membre ramassé et ridicule,
Il lui demande de rester fidèle à Sa volonté,
À présent, elle est la seule pute qu'il adule,
Une rose « noire » éternelle pour sa Majesté,

Pourtant, il n’y a ni bague ni fleur pour elle,
Juste le goût amer du sang et des larmes,
Devant la vue sinistre d’un ange sans ailes,
Déchu, déployant sa queue telle une arme,

Dévêtue et à l’abandon, elle se laisse tomber,
Le rire victorieux du cavalier perçant la nuit,
Son crime lavé par la mer mouille le pavé,
Et le rend ivre de gratitude envers l’infini,

Le regard noyé dans la brume du désespoir,
Elle fixe le sang innocent disparaître au loin,
À l’image de sa vie, il se dissipe dans le noir,
Dans la profondeur secrète d’un ciel assassin,

À l’aube, le cavalier rentre de blanc vêtu,
Auréolé d’une fausse lumière de bénédiction,
La femme épuisée se laisse traîner, vaincue,
Dans le sillage d’un prince sans accusation,

La justice et le diable
Ou une moraliste blessée

Tu dois rester pur et noble, lui ordonne-t-elle,
Sacrificiel jusque dans l'effroi, les nuits d'hiver,
Je suis une épouse fidèle, se persuade-t-elle,
Dans un monde de nains, la microverge a l'air,

Tu dois réprimer tes brefs instincts sauvages,
Étouffer dans l'œuf le moindre désir de révolte,
Je résiste à tout, se dit-elle, occultant son âge,
Là où la foule l'oublie et la laisse sans récolte,

Tu dois donner ton cœur à une seule personne,
Fusionner avec le même homme, toute une vie,
Je suis la seule, sur terre, à être une madone,
Alors que son corps gelé ne remue pas d'envie,

Tu dois t'excuser pour tes péchés lamentables,
Même si ton âme restera avilie par tes écarts,
Je me lave bien les mains avant d'être à table,
Peu importe, ce continu indulgent brouillard,

Tu dois cesser d'être frivole et dissimulateur,
Te remettre sur le droit chemin des vertueux,
Je finis par être blessée par ces jeux d'acteur,
Même si elle reste insensible aux malheureux,

Tu dois ramper pour ta place en terre d'éden,
Elle ne reçoit que les hommes en rédemption,
J'aurai une place de choix, j'en suis certaine,
Car je suis la justice qui n'a pas de passion,

Tu dois, tu dois, tu dois, personne ne l'écoute,
Désincarnée, elle juge les humains sensuels,
Un jour, son cœur verrouillé partira en déroute,
Sa fierté tombera, elle n'aura plus de modèle,

L'ermite et le diable
Ou un adolescent en quête de savoir

Geek, alité et malade, il découvre son désir,
Dans le noir profond de son petit lit froissé,
Il sent son corps et son membre se réunir,
L'arrière secoué par le fantasme d'une fessée,

Devant le fond brouillé de son écran guerrier,
Il voit une silhouette de femme se découper,
Les seins comme des obus vers son terrier,
Pliant et dépliant ses jambes fines, élancées,

Jaloux du phallus du monstre qui la traverse,
Il tire sur son muscle saillant rempli d'espoir,
Fécondant le ventre translucide de sa déesse,
Violant son ouverture béante devant le miroir,

Comme chronos, il veut dévorer sa semence,
Posséder l'univers clos qui lui appartient,
Tourner autour d'une planète au jus rance,
Avaler l'amertume du corps qui est le sien,

Le son cesse, la lumière décroît, il est déçu,
Son premier exploit ne laisse pas de trace,
La fièvre embrume ses yeux qui ont trop vu,
Il est une proie fragile, une sombre masse,

Il s'endort avec la chair maculée de sang,
Celui de son sexe meurtri entre ses mains,
La gueule ouverte d'un savant sans dent,
Détenteur fou d'un nouveau secret humain,

Toute sa vie, il cherchera le plaisir solitaire,
Celui tissé dans la morosité utile de la vie,
Pour une rivalité avec « feu » ses pères,
Avec le bilan d'être passé à côté de sa vie,

La roue de la fortune et le diable
Ou l'éternel otage

Au pied du lit, je ne suis que la soumise d'un instant,
La tentation d'un soir dissipé dans la fumée et l'alcool,
Comme une rose piquante qui fane inéluctablement,
Comme une femme adulée et rejetée qui devient folle,

Mystérieuse inconnue dans la nuit étoilée qui nous ment,
J'écoute une musique où je refais l'histoire, presque sereine,
Je change de trottoir et je rencontre un autre passant,
Je ne suis plus la gloire éphémère mais l'éternité qui aliène,

Le talon vengeur, j'avance dans la jungle urbaine, animale,
Maintenant, je suis une tentation dangereuse et hypnotique,
Un désir intemporel qui brûle la chair faible des mâles,
Une héroïne au sang noir qui enchaîne les âmes érotiques,

Un rugissement sauvage dans le sous-sol des interdits,
Je me sens happée par une force invincible comme l'enfer,
Des algues sombres m'attirent dans un précipice infini,
L'intimité souillée par de sinistres créatures, sous terre,

Je me réveille ligotée au phallus d'un monstre qui dort,
Je suis redevenue la « soumise » pour la nuit des temps,
Comme une rose qui reste en vie dans l'ombre de la mort,
Comme une esclave de Satan dans un autre espace-temps,

La force et le diable
Ou le syndrome de Stockholm

Une nuit, il rêve d'une femme dans l'océan,
Criant à l'aide, luttant contre les vagues,
Le soleil inondant son corps se débattant,
Alors qu'au loin, il l'observe et divague,

Son regard plein d'effroi l'obsède au réveil,
Les jours passent, elle se teinte de flou,
Mais dans la foule, le souvenir se réveille,
Cachée, une silhouette animale l'amadoue,

Une clé sur la gorge, dans une rue discrète,
Elle s'évanouit dans la fumée d'une jaguar,
Ligotée sur le lit froissé d'une pièce secrète,
Elle émerge face à un inconnu, l'air hagard,

Ses lèvres remuent dans un silence feutré,
Hurlant au secours, remplies de terreur,
L'homme, vêtu de noir, semble ensorcelé,
Pour lui, l'étrangère n'est pas une erreur,

Le souffle court, il s'approche d'elle, fasciné,
Il la regarde muselée, les bras en sang,
Plongeant ses yeux dans les siens effrayés,
Il s'accroupit sur son nombril brillant,

Juste une main qui chatouille son entrée,
Rien de plus, et elle sent l'eau monter en elle,
Une voix qui lui dit : tu es ma bien-aimée,
Et un frisson qui la traverse sous la dentelle,

Captive d'un homme qui la veut pour femme,
Le tic-tac du temps cogne dans sa poitrine,
Elle a trente jours pour sa demande infâme,
Va-t-elle résister à ses caresses assassines ?

Le sang sur ses cuisses coule comme un lac,
Paisible et transparent, il la guide vers lui,
Son geôlier avec sa verge prête à l'attaque,
S'armant de patience pour gagner son nid,

Le bleu de ses lacérations ne l'effraie plus,
Comme le témoignage de son désir brûlant,
Il lui rappelle, qu'à ses yeux, elle a été élue,
Pour une vie esclave de charnels instants,

Dans un souffle, elle lui dit oui, pour toujours,
Son membre excité, dans l'attente, se durcit,
Alors qu'il l'enlace et lui murmure mon amour,
Elle lui répond qu'elle le veut pour toute la vie,

Le pendu et le diable
Ou un désir différent

Je pense, donc, je suis, là, à côté de toi
Ton ombre phallique me soulage un temps,
L'espoir d'une nouvelle vie se rue en moi,
Mais mes mots trahissent un enfermement,

Tu me fais goûter à la texture acide de toi,
Je me sens faiblement exister, tu le sais,
Tu ignores, je le sens, ce qui me lasse ici-bas,
Comme si mon corps avenant mentait,

D'un côté, ton désir vif et renouvelé d'amant,
Négligeant un instant ses errances passées,
De l'autre, ma soif douloureuse d'un moment,
Ou, femme, j'aspire, enfin, à me retrouver,

L'équation est imparfaite, mais est-ce censé ?
Faut-il préférer une geôle bien gardée à la vie ?
Ton membre est l'horreur sur terre incarnée,
Mais n'est-ce pas plus « utile » que l'inertie ?

La mort est une lente agonie indifférenciée,
Le ciel, sur ta peau, un temps de suspension,
La vie, un cycle sans fin de retours insensés,
Tes baisers, un filtre d'amour et de passion,

Libère-moi par la clé du bonheur inconnue,
Celle, neuve, qui me parle d'un amour inédit,
Celle d'une flamme qui rejaillit sur la terre nue,
Là, où les autres vivent dans un atroce déni,

La mort et le diable
Ou une renaissance dans les abîmes de la folie

Il me guette, l'œil torve, derrière la porte,
La queue inassouvie, pleine de tentations,
Remuant sur un morceau plein de notes,
Le corps ivre dans un champ de moissons,

Il s'insinue en moi alors que je m'endors,
Marquant son territoire sans hésitation,
Je me réveille alors qu'il a quitté le port,
Naufragée, et pleine d'atroces questions,

Je descends la pente, la libido en miette,
Alors qu'il se regorge impunément, loin,
Ignorant ma fâcheuse condition de dette,
Dans un univers où triomphe le moins,

Alors que la faucheuse mutile mon âme,
Coincée dans les limbes du pire : la folie,
Je ne réalise plus mon corps de femme,
Je suis un squelette brûlé voué au génie,

Des chiffres en lambeau m'envahissent,
Le diable et son psychisme me tentent,
Je compte mes paroles jusqu'à 666,
Je veux finir dans la vérité d'un Kant,

La glace et le feu se mélangent en moi,
Je ne distingue plus mes sens, le monde,
Il se joue une cruelle partie sous la soie,
Celle d'un pourquoi stérile qui m'inonde,

J'attends alors la mort irrésistible, lasse,
Qu'elle me libère, enfin, de ces tourments,
Mais je résiste, et je bois encore la tasse,
L'abîme est illimité comme le firmament,

Les jours passent, je guéris sans le savoir,
Je fais le deuil de mon ego batailleur,
Il y a un silence profond dans cet enfer noir,
Mais il est vital d'accepter l'apesanteur,

Je touche le fond, je renais à moi-même,
Le diable s'enfuit par la fenêtre, résigné,
Ma bouche s'entrouvre pour un je t'aime,
Chaud et salvateur comme un ciel d'été,

La tempérance et le diable
Ou la « voix » de la libération

C'était il y a six mois, un après-midi noir,
Ton ombre s'étalait sur le seuil, interdite,
Attendant patiemment, sans réel espoir,
Alors que je m'adonnais à un énième rite,

Tu m'as demandé ce qui me traversait,
Ma langue s'est alors déliée pour toi,
Les mots se bousculant, sans arrêt,
Les pensées sans nuance, sans mais,

Un lapsus discret dévoila mon désir ardent,
Celui d'une rencontre secrète, la nuit,
Ou ta bouche dans le frôlement d'un instant,
Se donnerait dans l'escalier de l'envie,

Les mots étaient devenus une prison,
Un puits desséché, sans aucun avenir,
Mais, soudain, ils furent une libération,
Un papyrus étoilé sans vampires,

Dans des draps de velours, j'imagine,
Tu me projetais alors que je racontais,
Quel que soit mon nom, Léa ou Pauline,
J'étais une jeune dame qui se dévoilait,

Une nuit, un éclair où je deviens unique,
L'effet miroir te foudroie en plein cœur,
Je suis comme un morceau de musique,
Indomptable comme le feu d'une erreur,

Le mystère t'inspire un récit dionysiaque,
Nous errons dans des méandres obscurs,
De la tentation d'une fête ivre et orgiaque,
Au fantasme d'une vie sans moindre cure,

Juste nos corps qui aspirent à se mélanger,
À l'abri de la société et des jugements éculés,
Dans le couloir des interdits, près du cellier,
Là où pleuvent tes rêves d'ébats incontrôlés,

Psychopathe, ton regard dans le noir brûlant,
Tu me dévoiles ta peau couverte de cicatrices,
Percevant tes mains telles des armes en sang,
Je les dévore, préférant un glaive à un pénis,

Je n'avale plus tes paroles, tes mots tendres,
Je bois ton univers entier qui me réveille,
À ton cou viril, je cherche à me suspendre,
Comme en quête d'un ténébreux soleil,

Le diable et le diable
Ou un désir aliénant

Victime ou coupable, nous sommes,
Jusqu'à la mort, nous ne saurons pas,
Un coup de blues qui nous assomme,
Et la musique repart dans nos pas,

Le chemin est long, aride, sans répit,
Je pleure tes absences, mon attente,
Puis, la mer frappe le mystère de la vie,
Et tu m'aliènes à un désir qui s'évente,

Mais un mot dans l'encre de ton sang,
Me demandant si notre passion brûle,
Éveille en moi le plaisir d'un vieil instant,
Le passé, illusion ou sacro-sainte bulle ?

Tu me fais voir la couleur de ton âme,
Noire telle la nuit qui s'empare de moi,
Quand tu me blesses sans état d'âme,
Quand, fatalement, je me plie à ta loi,

Je me dénude en silence, sous les draps,
Ton désir est que je fasse ton membre roi,
Le mien est que tu me serres dans tes bras,
Aussi fort qu'un tueur qui étrangle sa proie,

Gagnée par tes morsures jusqu'à l'agonie,
Mon corps se couvre de salives abîmées,
Ton désir au-dessus du mien, et tu souris,
Aveuglément, tu es aussi mon prisonnier,

Enchaînés comme des démons fugaces,
Nous nous scrutons dans le vieux miroir,
L'un en face de l'autre, la pose cocasse,
Je perçois ma violence dans ton regard,

À l'aube, tu me murmures mon départ,
Le cœur dans l'estomac, je te rejette,
Je veux être là des heures plus tard,
Que ton membre, encore, m'embête,

Lasse, je perds la partie, esclave attitrée,
Le dos rond, tu ressasses tes victoires,
Esclave de ton orgueil, le cœur chaviré,
Silencieux, tu rumines, seul, jusqu'au soir,

La nuit suivante, tu me réclames encore,
La verge qui s'étire jusqu'à mes songes,
Forcée, je te rejoins alors que tu t'endors,
Cette fois, te donneras-tu sans mensonge ?

Le diable promet un monde qui n'arrive pas,
Dompté par le feu enivrant de ses sens,
Je me mens à moi-même, sans penser à toi,
Toi, le bourreau ou la victime sans nuance,

La maison dieu et le diable
Ou une erreur utile

Un coup de tonnerre dans la nuit noire,
Un éclair qui déchire l'océan de doutes,
Juste une tendre pensée dans son regard,
Une caresse amoureuse au mois d'août,

Le soleil au zénith surplombe notre désir,
Par un mélange prometteur de rayons,
Sans cesse, il me répète qu'il m'admire,
Éternelle vérité ou cruelle illusion ?

Mais l'hiver annonce un gel sans précédent,
Le monde entier s'oppose à notre alliance,
Je me demande s'il aurait pu être autrement ?
Fatales, nos erreurs pèsent sur la balance,

Les mois défilent et le souvenir reste intact,
Dans mes songes, son regard me traverse,
Nous volons au-dessus d'un grand et beau lac,
Ou, dans les entrailles, se cache une déesse,

Elle nous annonce des retrouvailles en été,
Confiants, nous la suivons jusqu'à l'avenir,
Sans surprise, nous sommes reconnectés,
Grâce à une fée qui exauce notre désir,

Pourtant, les roses fanent dans notre jardin,
La passion laisse le chapitre au cruel ennui,
Défiant toute concurrence sur notre chemin,
Alors que s'étale le voile sombre de la nuit,

Nous nous voilons la face, à chaque fois,
Résistant au bruit du chaos et de l'inconnu,
Tel un pied de nez au destin et à sa triste loi,
Entremêlés du soir au matin, nos âmes nues,

Le parfum de la douce nostalgie nous égare,
Pendant de vains instants de puissant déni,
Nos orgueils nous y livrent une autre histoire,
Comme si nous vivions toujours une folle vie,

Enivrés, nous prions le ciel pour que ça dure,
Les signes nous encouragent, nombreux,
Mais un soir, nous ne sommes plus si sûrs,
Un indice suffit à nous rendre malheureux,

Refusant de nous aveugler, nous chutons,
Dans un abîme froid, sans fond et douloureux,
En quête de vérité, une chose nous oublions,
Embrasser l'erreur pour être encore heureux,

L'étoile et le diable
Ou deux amants éclairés

Sado-maso, elle s'appelle sur le site,
Macho, il joue avec les prétendantes,
En kimono, elle suggère d'autres rites,
Dirigés par une soumission enivrante,

Nu sur son lit, il se caresse le membre,
Le ventre excité, elle ouvre les jambes,
Alors que, las, il s'apprête à se rendre,
Émerge un visage au regard qui flambe,

Fondue dans un éclat lointain, elle sourit,
Sa chevelure cendrée, comme une chute,
Raconte une féminité qui se dérobe la nuit,
Pleine de la volupté d'une délicieuse lutte,

Alors qu'elle capitule devant des anonymes,
Un jeune homme à la glorieuse vanité surgit,
Dans ses yeux luit un passé lourd de crimes,
Rempli de sang noir sur des corps sans vie,

Il la salue, un court instant, plein d'attente,
Elle répond, sa chair remuée par un frisson,
Habilement mystérieux, il la rend impatiente,
Certaine qu'il ne peut être une contrefaçon,

Un rendez-vous à la nuit tombée s'impose,
Lorsqu'elle monte l'escalier, elle regrette,
Il n'est pas un combattant avec une rose,
Mais juste l'ombre d'une statue en miette,

À peine sur le seuil, il l'enserre avec force,
Sa peau gourmande la ramène au paradis,
Ses mots sont rugueux comme une écorce,
Elle aime ce mélange de doigté et d'énergie,

Se plongeant dans son regard, il la devine,
Faussement pudique, un brin démoniaque,
Envoûtante comme une boisson sanguine,
Redoutable comme la mort, aphrodisiaque,

Ses mains puissantes et fermes l'étranglent,
Ce moment où elle s'évapore est un régal,
Jusqu'à l'ultime effroi sous l'effet de la sangle,
Elle se laisse happer par ce feu sans égal,

Il ne voit aucun rejet dans ses grands yeux,
Il hésite entre poursuivre ou abandonner,
Dans sa tête, défile un film où il lui dit adieu,
Le cou de geisha gisant à terre, tranché,

Elle commence à suffoquer, à être terrifiée,
Le regard du prince funeste est sans appel,
Il ne s'agit plus d'un jeu macabre sans utilité,
Mais d'une nécessité : celle d'un criminel,

Il est sur le point de commettre l'irréparable,
Grisé par la peur qui tord le visage en grimace,
Mais il est arrêté par une chose indéfinissable,
Nimbée de lumière, une silhouette lui fait face,

La jeune femme soulagée du relâchement,
Assiste, impuissante, à ce spectacle éthéré,
L'homme meurtrier est auréolé, à présent,
De la couronne luminescente d'un chevalier,

Le miroir capture ce fragile instant entre eux,
Comme une parenthèse où l'amour se révèle,
Seule, pour la première fois, elle supplie Dieu,
Pour que l'irrésistible suspension soit éternelle,

La flamme s'éteint, mais il renonce à jamais,
Prêt, il se lance dans un combat face au mal,
Sûr d'avoir découvert une vérité désormais,
Son amour pour elle est une libération fatale,

La lune et le diable
Ou la griffe de Satan

La lune polit une ombre argentée sur le lac,
Je sais que tu es parti il y a très longtemps,
Et pourtant, tes bijoux luisent dans mon sac,
Je les regarde en me souvenant d'un instant,

Celui où tu as couvert mon corps d'or brillant,
La vulve bombée crachant une rutilante envie,
Tandis que tes cornes remuaient mon sang,
Tu n'étais pas Satan mais un démon qui jouit,

Au départ, je n'avais pas peur, je t'embrassais,
Tu étais le diable et je voulais ton fardeau,
Ta langue douce et pointue tu me donnais,
Je t'offrais une jolie bénédiction sans mots,

Sûre de te guérir de ton corps en demande,
Pendant que mon désir, par salve, me trempait,
Je gardais le silence pour que tu bandes,
Ce n'était qu'une simple envie, un simple fait,

666, tu me susurrais à l'oreille gourmande,
Ton membre j'attrapais, alors, curieuse,
Ma bouche s'ouvrant pour que tu te rendes,
En quête d'une fécondité malheureuse,

Surprise de ce doux nectar sur mon corps,
Je réalisai que tu n'étais qu'un apprenti,
Je te suppliai de m'emmener au loin, dehors,
Dans les entrailles profondes où le mal sévit,

Dans la nuit obscure, nous volâmes, aspirés,
Dans le néant brûlant et chaud, Satan hurlait,
Sur le chemin, des aliénés rampaient, mutilés,
Alors que nous nous approchions de notre geôlier,

Soudain, je fus secouée par une terrible peur,
Celle qui bafoue le ventre et fait vaciller,
Je cherchai la sortie, fuyant l'indicible horreur,
Refusant d'être, à jamais, captive et liée,

J'entendis son chantage, maintenant ou rien,
Sûre de cette demi-vérité, je courus,
Soulagée de ne pas être allée un peu plus loin,
Devant ce monstre aux crocs nus,

La lune projetait une ombre argentée sur le lac,
Je savais que j'étais saine et sauve, à présent,
Et pourtant, de l'or luisait au fond de mon sac,
Et s'il s'agissait d'un pacte oublié, un instant ?

Le soleil et le diable
Ou deux amours différents

Ils s'aiment d'un amour différent,
L'un est égal et intense, rempli de vie,
L'autre est orageux, changeant,
Mais les deux livrent un combat inédit,

Il garde secret son amour scabreux,
Effrayé à l'idée d'être retenu prisonnier,
Elle lui crie son bel amour heureux,
Espérant silencieusement une réciprocité,

Une seconde alcoolisée, il se laisse aller,
Jette un « je t'aime » qu'il regrette aussitôt,
Bouleversée, elle lui demande la vérité,
Sûre d'un oui qu'elle n'oubliera pas de sitôt,

Pris au piège, contre toute attente, il se tait,
Fière, elle s'excuse de cette curiosité,
Hésitant, il lui murmure que, déjà, elle le sait,
Plaçant sa main sur son cœur entier,

Sur le chemin du retour, elle s'interroge,
Le silence est-il un gage plus sûr que les mots ?
Est-il un trésor où l'amour se loge ?
Ou bien une politesse pour éloigner les maux ?

L'un et l'autre sont possibles en ce bas monde,
Quelle est la réalité de son tendre amant ?
Dans son cœur, ils forment une jolie ronde,
Où l'un et l'autre sont unis tendrement,

Devant le miroir, il se lance un regard sombre,
Furieux envers lui d'avoir dévoilé sa passion,
Dans sa tête, c'est un enfer peuplé d'ombres,
Celles d'un passé aux terribles addictions,

Tous les deux sont un avenir incertain, fragile,
Mais il se refuse à une fin irréversible,
Avec elle, il se sent porté vers la rive d'une île,
Ensoleillée, lointaine mais accessible,

Un jour, une nuit, ils se feront une promesse,
Celle de rendre les armes, ensemble,
Lui, de lui rappeler son amour sans cesse,
Elle, d'accepter un monde qui tremble,

Le jugement et le diable
Ou un acte de foi diabolique

Je me suis réveillée avec l'indicible espoir d'autre chose,
Alors que l'ombre des nuages assombrissait mon chemin,
Comme un interlude printanier avec une pluie de roses,
Qui, au-delà de mes souvenirs, étendraient leur vif parfum,

Dans un songe mêlé de joie et d'incertitude, j'ai vu un ange,
Il m'a chuchoté que l'avenir était rempli de promesses,
Après des rivières de larmes, il s'envolera une mésange,
Qui chantera le retour d'une vie où triomphe l'allégresse,

Il y aura encore des cris déchirants dans la nuit noire,
Des prières sourdes dans un espace-temps sans aucun Dieu,
Le cœur cadenassé, refusant de continuer à entendre et voir,
Mais on m'a demandé de croire en de meilleurs cieux,

Dans un subtil murmure, on m'a assuré le bout du tunnel,
Ni proche ni lointain, dans une mer agitée où rien n'est acquis,
Dans un halo évanescent, j'ai vu une terre de lait et de miel,
Suave et dangereuse mais aussi généreuse et abondante que la vie,

Je me suis réveillée avec le goût amer et salé de l'hésitation,
Mais j'ai fait un pacte avec l'univers pour me laver de mes péchés,
Dans lequel se dessinent les entrelacs d'une sinistre passion,
Avec la récompense attendue d'un amour à l'évidente authenticité,

Et si l'ange était déchu, guidé par un esprit tourmenté, malicieux,
Me conduisant vers les ténèbres pour l'éternité entière,
Peut-être que pleurer, encore, n'est plus un serment impérieux,
Mais une énième tentation pour m'éloigner de l'univers,

Mais puisque le diable est un disciple du créateur pour toujours,
J'ai décidé d'écouter la voie de mon cœur, de ses allers-retours,
Je souffrirai encore d'humiliantes défaites en amour,
Mais je vivrai libérée des affres lugubres de mon incassable tour,

Le monde et le diable
Ou l'homme aux 7 destins

Le lundi, il s'endort avec son doux visage,
Celui d'un ange a l'air paisible et innocent,
À qui il fait croire qu'il est son seul voyage,
Loin du désordre des cavaliers inélégants,

Le mardi, il assume son désir accablant,
Fait une visite éclair à une ex-amante,
Lui livrant le récit d'un fait peu reluisant,
Où toutes les femmes sont des mentes,

Le mercredi, il joue au père modèle,
Essuyant les insultes de sa compagne,
Devinant ses écarts d'homme infidèle,
Avec de loyaux amants à la campagne,

Le jeudi, il ploie sous un silence coupable,
Honteux de ses agissements adultérins,
Mais le soir, tard, il rejoint une autre table,
Celle de convives espiègles et libertins,

Le vendredi, la gueule de bois l'envahit,
Le corps envoûté par un nouveau parfum,
Il hésite à se glisser sous la douche, avili,
La journée est longue sans fesses ni seins,

Le samedi, il exerce son devoir conjugal,
Le sexe caressant et vigoureux, simulant,
Fier de sa prouesse d'acteur sans égal,
Face à son épouse comblée, un instant,

Le dimanche, il confesse tout à son favori,
L'homme qui le fait rire et pleurer, à la fois,
Par ses franches saillies où, toujours, il jouit,
Sur un corps abandonné à une vie sans Loi,

Table des matières

Imprimé en Allemagne
Achevé d'imprimer en novembre 2023
Dépôt légal : novembre 2023

Pour

Le Lys Bleu Éditions
40, rue du Louvre
75001 Paris

www.ingramcontent.com/pod-product-compliance
Lightning Source LLC
Chambersburg PA
CBHW062343010826
49168CB00024B/241
* 9 7 9 1 0 4 2 2 1 5 1 5 6 *